Frank-Rüdiger Halt • Volk im Wachkoma

Frank-Rüdiger Halt

Volk im Wachkoma

Zeit aufzuwachen, zum Widerstand

FRIELING

Bibliografische Information der Deutschen Nationalbibliothek
Die Deutsche Nationalbibliothek verzeichnet diese Publikation in der Deutschen Nationalbibliografie;
detaillierte bibliografische Daten sind im Internet über http://dnb.d-nb.de abrufbar.

Rheinstraße 46, 12161 Berlin
Telefon: 0 30 / 76 69 99-0
www.frieling.de

ISBN 978-3-8280-3367-2
1. Auflage 2016
Umschlaggestaltung: Michael Beautemps
Bildnachweis U1: pixabay.com

Printed in Germany

Inhalt

Unwillkommen 9

Macht 11

Verschwörungen 17

Zwei Schurkenstaaten 27

Terror 35

Ein Terrorist 39

Eine Terrorvariante 45

Flüchtlingsströme 53

Demokratie-Illusion 59

Ungefragt 63

Umerzogen 65

Mustervasall 67

Neue Weltordnung 73

Kontaminiert 74

Gehirnwäsche 75

Vereint 76

Edward L. Bernays (1891–1995), Propaganda (1928), New York

„Die bewusste und intelligente Manipulation der Verhaltensweisen und Einstellungen der Massen ist ein wesentlicher Bestandteil demokratischer Gesellschaften."

US-Prof. Noam Chomsky (MIT)

„Die Mehrheit der gewöhnlichen Bevölkerung versteht nicht, was wirklich geschieht. Und sie versteht noch nicht einmal, dass sie es nicht versteht."

„Hoffentlich gibt es endlich einen Volksaufstand gegen die vernichtende, zerstörerische Wirtschafts- und Sozialpolitik, die von den Bürokraten und Banken kommt."

Unwillkommen

Seit dem Rentenstadium mit reichlich Zeit zum Nachdenken und Recherchieren beschäftigt mich die Frage: „Was wird hier auf Erden eigentlich gespielt und wer sind die wesentlichen Spieler?" Erst in „Brave Schafe – ein Weckrufversuch" und jetzt auch noch in der ebenfalls zitatgespickten Nachfolge-Streitschrift „Volk im Wachkoma".

Schon der erste Versuch erregte allgemeines Missfallen, erst bei der Presse („Verschwörungsliteratur"), dann bei den Bildungseinrichtungen (Gymnasien, Stadtbibliothek, Bücherei, Museum), die eine Lesung glatt ablehnten. Für einen Pädagogen eine interessante Erfahrung. Ich wollte es genauer wissen, fädelte drei buchbezogene Vorträge („Klima-Wahn" – Prof. Ewert, Bad Driburg, „Erfundene Seuchen" – Dr. C. Köhnlein, Kiel, „Ökonomisierung im Bildungswesen" – Prof. J. Krautz, Uni Wuppertal) ein und wiederholte das kostenlose Angebot. Ohne Erfolg. Die beiden ersten Vorträge fanden behelfsweise in einem Altenpflegeheim statt, der letzte fiel aus.

So hatte ich mir Bildung nie vorgestellt: Verschlossenheit gegenüber Kritikern, Andersdenkenden, Behinderung von Streitkultur, dem Wesenskern von Bildung und Forschung. Was für eine Ignoranz gegenüber namhaften und unabhängig denkenden Köpfen, die ich bald wie am Fließband zu studieren begann, Persönlichkeiten wie

Antony Sutton, Josef Foschepoth, Daniele Ganser (Historiker),

K. A. Schachtschneider, Hans Herbert von Arnim, Wolfgang Hetzer (Juristen),

Andreas von Bülow, Willy Wimmer (Politiker),

Rosalie Bertel, Peter C. Götzsche, Peter Duesberg (Naurwissenschaftler/Mediziner),

W. F. Engdahl, Walter Veith, Birgit Kelle, Werner Rügemer, Wolfgang Effenberger, Ernst Wolff, Uwe Krüger, Naomi Klein (Wissenschaftler/Publizisten)
u.v.a.

Für mich wie eine Erleuchtung nach Jahrzehnte währendem Dahindämmern in flächendeckend indoktrinierenden Bildungseinrichtungen. Ein Impuls, den ich gerne weitergeben möchte im „Zeitalter der Massenverblödung" (Scholl-Latour).

Und nicht zu vergessen die besonders Hoffnung machende, musikalisch gestützte Aufklärung aus der jungen Generation, beispielsweise:

Kilez More: „Leben und Tod des Imperialismus"

Die Bandbreite: „Die Mafia", „AIDS", „Für den Widerstand"

(Youtube-Beiträge)

Macht

Macht und Machtmissbrauch sind zwei wichtige Konstanten der Weltgeschichte, die in ihrer Bedeutung nicht zu unterschätzen sind. Ein wichtiges Thema der Bildungspolitik? Natürlich nicht! Man kann es kurz schildern:

Heinrich Heine

„Geld ist der Gott unserer Zeit und Rothschild ist sein Prophet."

J. C. Stamp, ehemaliger Direktor der Bank von England

„Bankern gehört die Welt … Wenn Ihr Sklaven von Bankern sein wollt und die Kosten der eigenen Versklavung tragen wollt, dann lasst Banker Geld und Kredit kontrollieren."

Denis Healey, brit. Verteidigungsminister und Mitbegründer der Bilderberger

„Weltereignisse geschehen nicht durch Zufall: man sorgt dafür, dass sie sich ereignen, ob es sich dabei nun um nationale Belange oder um solche des Kommerz handelt; und die meisten von ihnen werden von denjenigen inszeniert und zustande gebracht, die die Schnüre der Geldbeutel in der Hand halten."

Z. Brzeziński (aus seinem Buch „Die einzige Weltmacht")

„Die US-Administration war schon immer Befehlsempfänger und Vollstrecker der Welthochfinanz."

T. Jefferson (1743–1826), 3. US-Präsident

„Ich denke, dass Bankinstitute gefährlicher als stehende Armeen sind. Wenn die Bevölkerung es zulässt, dass private Banken ihre

Währung herausgeben, wird das Volk seines gesamten Besitzes beraubt, bis eines Tages ihre Kinder obdachlos auf dem Kontinent aufwachen, den ihre Väter einst eroberten.

Ein einzelner tyrannischer Akt kann sich den Zufällen der Tagesmeinung verdanken, aber eine Serie unterdrückerischer Handlungen, begonnen in einer außergewöhnlichen Zeit und unverändert fortgesetzt trotz aller Wechsel an der politischen Spitze, ist ein eindeutiger Beweis für den vorsätzlichen, systematischen Plan, uns zu Sklaven zu machen. Der Preis der Freiheit ist ewige Wachsamkeit."

Henry Ford

„Würden die Menschen verstehen, wie unser Geldsystem funktioniert, hätten wir eine Revolution, und zwar schon morgen früh."

Rothschild (1863)

„Die Wenigen, die das System verstehen, werden so sehr an seinen Profiten interessiert oder so abhängig sein von der Gunst des Systems, dass aus deren Reihen nie eine Opposition hervorgehen wird. Die große Masse der Leute aber, mental unfähig zu begreifen, wird seine Last ohne Murren tragen, vielleicht sogar ohne zu mutmaßen, dass das System ihren Interessen feindlich ist."

Mayer A. Rothschild (1744–1812), Gründer der Rothschild-Banken

„Gib mir die Kontrolle über das Geld einer Nation und es interessiert mich nicht, wer dessen Gesetze macht."

F. Roosevelt (1882–1945), 32. US-Präsident und Freimaurer

„In der Politik geschieht nichts zufällig! Wenn etwas geschieht, kann man sicher sein, das es auf diese Weise geplant war. Die tatsächliche Wahrheit ist, dass seit den Tagen von A. Jackson gewisse Teile der großen Finanzzentren die Regierung beherrschen."

Louis McFadden, US-Kongressabgeordneter in den 1930er Jahren

„Einige Menschen denken, dass die Federal-Reserve-Banken Institutionen der US-Regierung sind. Es sind aber private Monopole, die das Volk dieser Vereinigten Staaten ausbeuten: in ihrem eigenen Interesse und dem ihrer ausländischen Kunden, im Interesse von Spekulanten im In- und Ausland, im Interesse von reichen, räuberischen Geldverleihern."

Ex-Kanzler Helmut Schmidt (Münchner Runde des BR am 21.11.2011)

„Wir sind alle Geiseln der Banken."

Joschka Fischer zu Lafontaine

„Du glaubst doch nicht, dass Du gegen die internationalen Finanzmärkte regieren kannst."

Als **DB-Chef Ackermann** als Bankenverbands-Funktionär gefragt wurde, warum er eine Schuldenstreichung Griechenlands nicht anrege, sagte er:

„Damit mir das Gleiche wie Herrhausen passiert?"

William J. Bryan (1860–1925), US-Außenminister (1913–1915)

„Die großen Banken waren, wegen ihrer weitläufigen Möglichkeiten, große Gewinne zu machen, besonders am Ersten Weltkrieg interessiert."

Silvio Gesell (1862–1930), deutsch-argentinischer Sozialreformer

„Unser Geld bedingt den Kapitalismus, den Zins, die Massenarmut, die Revolte und schließlich den Bürgerkrieg, der zur Barbarei zurückführt. Wer es vorzieht, seinen eigenen Kopf etwas anzustrengen statt fremde Köpfe einzuschlagen, der studiere das Geldwesen."

US-Prof. C. Quigley (aus „Tragedy and Hope")

„Die Mächtigen des Finanzkapitalismus hatten ein anderes, weitreichendes Ziel, nämlich nichts weniger als die Erschaffung eines weltweiten Systems der finanziellen Kontrolle in privater Hand, fähig die politischen Systeme aller Staaten und die Weltwirtschaft im Ganzen zu beherrschen. Die Herrschaft in diesem System würde nach feudalem Vorbild bei den Zentralbanken der Welt liegen, welche ihr gemeinsames Handeln mittels bei geheimen, häufigen Treffen und Konferenzen getroffener Übereinkünfte koordinierten … Der Mittelpunkt des Systems sollte die Bank für internationalen Zahlungsausgleich (BIZ) in Basel sein, eine private Bank im Besitz und unter Kontrolle der Zentralbanken der Welt, welche ihrerseits selbst Konzerne in Privatbesitz sind."

Jean Ziegler, UNO-Sonderberichterstatter

„Heute müssen wir mit ansehen, wie die Welt von neuem feudalisiert wird. Die despotischen Herrscher sind wieder da. Die

neuen kapitalistischen Feudalsysteme besitzen nunmehr eine Macht, die kein Kaiser, kein König, kein Papst vor ihnen je besessen hat.“

Arnold Toynbee, Historiker (1961)

„Amerika ist heute der Führer einer weltweiten antirevolutionären Bewegung zur Verteidigung seiner Besitzinteressen. Es steht für das, für was einst Rom stand. Rom unterstützte in allen fremden Gesellschaften, die unter seinen Bann fielen, die Reichen gegen die Armen, und da die Armen überall sehr viel zahlreicher waren als die Reichen, sorgte Roms Politik für Ungleichheit, Ungerechtigkeit und das geringste Glück für die Allermeisten".

W. Buffet, New Yorker Multimilliardär (auf die Frage, was er für den zentralen Konflikt unserer Zeit hält)

„Der Klassenkampf natürlich, Reich gegen Arm, und meine Klasse, die Reichen, gewinnen gerade.“

Arend Oetker, Vorstands-Chef der Atlantik-Brücke (Berliner Zeitung, 17.04.2002)

„Die USA werden von 200 Familien regiert und zu denen wollen wir gute Kontakte haben.“

Verschwörungen

Unliebsame Tatsachen oder Vermutungen werden gerne als „Verschwörungstheorien“ gebrandmarkt, ein Totschlagbegriff, der (laut Prof. Lance deHaven-Smith von der Uni Florida in „Conspiracy Theory in America“) von der CIA in den 60er Jahren in die Öffentlichkeit lanciert wurde, um kritische Meinungen zum Kennedy-Mord der Lächerlichkeit preiszugeben. „The CIA's campaign to popularize the term ‚conspiracy theory‘ and make conspiracy belief a target of ridicule and hostility must be credited, unfortunately, with being one of the most successful propaganda initiatives of all time“ (deHaven-Smith, Conspiracy Theory in America, University of Texas Press, 2014, S. 25).

Dabei sind Verschwörungen, also geheime Absprachen, etwas ganz Alltägliches im Kleinen und eher Skandalöses im Großen. Berüchtigte Verschwörungen: Geheimarmeen der NATO, Freimaurerloge P2 (eine Art „Schattenregierung“ in Italien), Kriegslügen (Vietnam, Irak, ...), Geheimverträge, geheime Überwachungen, Operationen unter falscher Flagge ... Dazu einige Einschätzungen namhafter Persönlichkeiten:

Edward L. Bernays (1891–1995), *Propaganda (1928),* New York

„Organisationen, die im Verborgenen arbeiten, lenken die gesellschaftlichen Abläufe. Sie bilden eine unsichtbare Regierung, welche die wahre Herrschermacht unseres Landes ist.“

Hermann Scheer, ehemals SPD-MdB

„Der Feind sitzt innen, heute mehr denn je ...“ (im Zusammenhang mit den NATO-Geheimarmeen)

Daniel Ken Inouye während der Senatsanhörungen zur Iran-Contra-Affäre

„Es gibt eine eigene Schattenregierung mit ihrer eigenen Luftwaffe, ihrer eigenen Seeflotte, ihren eigenen Finanzierungsmechanismen und der Möglichkeit, ihre eigenen Vorstellungen von nationalem Interesse zu verfolgen, frei von jeglicher Kontrolle und jeglichem Ausgleich und frei vom Gesetz selbst."

Benjamin Disraeli, britischer Premierminister und Freimaurer (1844)

„Die Welt wird von ganz anderen Personen regiert, als diejenigen es sich vorstellen, die nicht hinter den Kulissen stehen."

W. Rathenau, deutscher Außenminister, in der Weihnachtsausgabe der „Neuen Freien Presse" (1909), Wien

„Dreihundert Männer, von denen jeder jeden kennt, leiten die wirtschaftlichen Geschicke des Kontinents und suchen sich Nachfolger aus ihrer Umgebung. Die seltsamen Ursachen dieser seltsamen Erscheinung, die in das Dunkel der künftigen sozialen Entwicklung einen Schimmer wirft, stehen hier nicht zur Erwägung."

W. Wilson, US-Präsident und Freimaurer (1913)

„Seitdem ich Politiker bin, haben mir Männer ihre Ansichten hauptsächlich im privaten Rahmen anvertraut. Einige der größten Männer der USA auf dem Gebiet des Handels und der Industrie haben vor jemanden, vor etwas Angst. Sie wissen, dass es irgendwo eine Macht gibt, die so gut organisiert ist, so geheimnisvoll, so wachsam, so ineinander verzahnt, dass sie ihre Anschuldigungen besser im Flüsterton ausgesprochen haben."

John F. Hylan, Bürgermeister von New York City (1922)

„Die wahre Bedrohung unserer Republik ist diese unsichtbare Regierung, die wie ein Oktopus ihre schleimigen Tentakel über Stadt, Staat und Nation ausbreitet. Wie der wahrscheinlich existierende Oktopus agiert sie verdeckt unter einem selbst kreierten Bild … Der Kopf dieses Oktopus sind die Rockefeller-Standard-Oil-Interessen und eine kleine Gruppe mächtiger Banken, gemeinhin bekannt als internationale Banker. Die kleine geschlossene Gesellschaft der internationalen Banker überrennt die Regierung geradezu, um ihre eigenen selbstsüchtigen Interessen durchzusetzen. Sie kontrolliert praktisch beide politische Parteien."

US-Präsident Franklin D. Roosevelt

„In der Politik geschieht nichts zufällig. Wenn es geschieht, dann kann man darauf wetten, dass es genau so geplant worden ist."

US-Präsident Eisenhower (1961)

„In den Gremien der Regierung müssen wir der Ausweitung des unbefugten Einflusses, ob aktiv oder passiv, des ‚militärisch-industriellen Komplexes' vorbeugen. Das Potenzial für einen verheerenden Anstieg der Macht besteht und wird bestehen bleiben. Gott helfe diesem Land, wenn jemand Präsident wird, der das Militär nicht so gut kennt wie ich."

„Die Rüstung raubt den Hungernden die Nahrung und den Obdachlosen die Behausung."

US-Präsident Kennedy, am 27.04.1961 vor Zeitungsverlegern

„Meine Damen und Herren,
bereits das Wort Geheimhaltung ist in einer freien und offenen

Gesellschaft geradezu abstoßend und aus historischer Sicht ist uns als Volk die Ablehnung gegenüber Geheimgesellschaften, geheimen Schwüren und geheimen Handlungen bereits angeboren. Es gibt eine sehr ernste Gefahr, dass der Vorwand der Sicherheit missbraucht wird, um Zensur und Geheimhaltung auszudehnen. Wir haben es mit einer monolithischen und ruchlosen und weltweiten Verschwörung zu tun, die ihren Einfluss mit verdeckten Mitteln ausbreitet: mit Infiltration statt Invasion, mit Umsturz statt Wahlen, mit Einschüchterung statt Selbstbestimmung, mit Guerillakämpfen bei Nacht statt Armeen am Tag. Es ist ein System, das mit gewaltigen menschlichen und materiellen Ressourcen eine komplexe und effiziente Maschinerie aufgebaut hat, die militärische, diplomatische, geheimdienstliche, wirtschaftliche, wissenschaftliche und politische Operationen verbindet.

Ihre Pläne werden nicht veröffentlicht, sondern verborgen, ihre Fehlschläge werden begraben, nicht publiziert, Andersdenkende werden nicht gelobt, sondern zum Schweigen gebracht, keine Ausgabe wird infrage gestellt, kein Gerücht wird gedruckt, kein Geheimnis wird enthüllt.

Ich bitte Ihre Zeitungen nicht, meine Regierung zu unterstützen, aber ich bitte Sie um Ihre Mithilfe bei der enormen Aufgabe, das amerikanische Volk zu informieren und zu alarmieren, weil ich vollstes Vertrauen in die Reaktion und das Engagement unserer Bürger habe, wenn sie über alles uneingeschränkt informiert werden. Es liegt in der Verantwortung der Printmedien, die Taten des Menschen aufzuzeichnen, sein Gewissen zu bewahren, der Bote seiner Nachrichten zu sein, damit wir die Kraft und den Beistand finden, auf dass mit Ihrer Hilfe der Mensch zu dem werde, wozu er geboren wurde: frei und unabhängig.“

Freimaurer Winston Churchill, Memoiren

„Deutschland wird zu stark, wir müssen es zerschlagen. Wir werden Hitler den Krieg aufzwingen, ob er will oder nicht."
Das unverzeihliche Verbrechen Deutschlands vor dem Zweiten Weltkrieg war der Versuch, seine Wirtschaftskraft aus dem Welthandelssystem herauszulösen und ein eigenes Austauschsystem zu schaffen, bei dem die Weltfinanz nicht mitverdienen konnte.
Derjenige muss in der Tat blind sein, der nicht sehen kann, dass hier auf Erden ein großes Vorhaben, ein großer Plan ausgeführt wird, an dessen Verwirklichung wir als treue Knechte mitwirken dürfen."

J. P. Morgan, Präsident des Bankhauses Morgan

„Der deutsche Wirtschaftskörper kann der internationalen Weltwirtschaft eingegliedert werden, wenn man Deutschland durch einen Krieg politisch zerschlägt, und das heißt: wir brauchen einen Weltkrieg."

Walter Rathenau

„Der europäische Krieg kommt. Unsere Hochfinanz will es!"

Winthrop Aldrich (von Rockefellers Chase Manhattan Bank) berichtete von seiner Europareise, die er Anfang 1939 unternahm, dass die Engländer im Laufe des Jahres mit politischen Mitteln eine Lage herbeiführen würden, die Hitler zwinge, zu den Waffen zu greifen. Auf diese Weise werde ihm der Schwarze Peter des Angreifers und Initiators eines Krieges zugeschoben werden.

US-Prof. Harry E. Barnes

„Deutschland ist von allen kriegführenden Mächten die einzige gewesen, die am Ausbruch des Ersten Weltkrieges keine Schuld trägt."

US-Prof. G. Preparata im Zusammenhang mit der Förderung des Dritten Reiches durch britisch-amerikanische Finanzeliten („Wer Hitler mächtig machte")

„Wer ist schlimmer, der Amokläufer oder der, der ihn mit allen Waffenarten ausstattet?"

D. Rockefeller (Autobiografie, 2006)

„Wir stehen am Rande einer weltweiten Umbildung. Alles, was wir brauchen, ist die richtige allumfassende Krise, und die Nationen werden in die Neue Weltordnung einwilligen.
Manche glauben sogar, wir seien Teil einer geheimen Verbindung, welche gegen die besten Interessen der Vereinigten Staaten arbeite; sie charakterisieren meine Familie und mich als Internationalisten und behaupten, dass wir uns weltweit mit anderen zur Errichtung einer global integrierten politisch-wirtschaftlichen Struktur verschworen haben ...
Wenn das die Anklage ist, bekenne ich mich schuldig und bin stolz darauf."

Myron Coureval Fagan

„Die Idee war, dass diejenigen, die die ganze Verschwörung lenken, die Unterschiede der zwei sogenannten Ideologien (Marxismus/Faschismus/Sozialismus gegenüber Demokratie/Kapitalismus) so nutzen konnten, dass sie fähig waren, mehr und mehr Menschen in diese beiden Lager zu teilen, sodass

man diese bewaffnen könnte, um sie anschließend durch Gehirnwäsche dazu zu bringen, sich gegenseitig zu bekämpfen und zu vernichten.“

L. P. McDonald, 1976 getötet nach dem Abschuss eines koreanischen Verkehrsflugzeugs durch die Sowjets

„Der Drang der Rockefellers und ihrer Verbündeten ist es, eine Weltregierung zu kreieren, welche Kapitalismus und Kommunismus vereint unter ihrer Kontrolle. Meine ich eine Verschwörung? Ja, das tue ich. Ich bin überzeugt davon, dass so ein Plan existiert. Die Eliten planen es und ihre Absichten sind unglaublich bösartig.“

Z. Brzeziński, US-Prof. und ehemaliger Sicherheitsberater

„Die Gesellschaft wird von einer Elite beherrscht … die nicht zögert, ihre politischen Ziele auch mithilfe der jüngsten modernen Verfahren, mit denen man das Verhalten der Bevölkerung steuern und die Gesellschaft unter strikter Überwachung und Kontrolle halten kann, durchzusetzen.“

Samuel P. Huntington, in der Zeitschrift „The National Interest“ (2004)

„Mitglieder der globalen Elite haben wenig Bedarf für eine nationale Loyalität; für sie sind nationale Grenzen Hindernisse, die zum Glück immer mehr verschwinden, und nationale Regierungen sind Überreste der Vergangenheit, deren einzige sinnvolle Funktion es ist, die Aktivitäten der globalen Elite zu erleichtern.“

Brockman Adams, US-Politiker

„Um die Weltregierung umsetzen zu können, ist es nötig, Individualität, Loyalität gegenüber Familientraditionen, nationalen Patriotismus und religiöse Dogmen aus den Köpfen der Menschen zu bekommen."

D. Rockefeller

„The social experiment in China under Chairman Mao's leadership is one of the most important and successful in human history."

Bill Joy, Multimilliardär und Gründer von Sunset Microsystems, warnte vor einem Konsens der autokratischen Elite, laut dem die Menschheit bis zum Jahr 2030 bestenfalls versklavt sein und schlimmstenfalls die Tötung aller geschehen werde, die nicht Teil der Elite sind („Why the future doesn't need us").

Whistleblower Edward Snowden

„Es wird ein neuer Führer-Präsident gewählt. Sie werden sagen, wegen der ungeheuren Gefahren brauchen wir mehr Autorität, mehr Macht. Und an diesem Punkt wird es nichts geben können, was die Leute tun können, um sich dem zu widersetzen. Es wird eine Gesamttyrannei sein."

Eines der ersten Planungspapiere, die David Rockefellers „Trilaterale Kommission" herausgegeben hat, stammte vom Harvard-Professor Samuel Huntington. Es ist dies die gleiche Person, welche die umstrittenen Thesen vom „Kampf der Kulturen" geprägt hatte. Seine Thesen bildeten Mitte der 90er Jahre die Grundlage für den Krieg gegen den Terrorismus der späteren Bush-Administration. Er bestand darauf, dass „Heimlichtuerei und Täuschung … unvermeidliche Merkmale einer Regierung“ seien (aus „Saat der Zerstörung“ von Dr. F. Engdahl).

G. W. Bush (1991)

„Vor uns liegt die Gelegenheit, für uns und zukünftige Generationen eine neue Weltordnung zu schmieden.“

Ray Kurzweil

„Bis zum Jahr 2020 wird es eine Weltregierung geben.“

Zwei Schurkenstaaten

Auch ohne die Schützenhilfe der folgenden Zitate kann es natürlich einem wachen Beobachter des Zeitgeschehens nicht entgehen, dass sich die US-Regierungspolitik seit dem Zweiten Weltkrieg mit dem Atombombenabwurf auf katholische Zivilisten in zwei Großstädten und den darauffolgenden endlosen „Operationen unter falscher Flagge" und blutigen Dauerscharmützeln mit internationalen Regeln und Menschenrechten im Krieg befindet. Viel zu vielen wird dies nicht bewusst sein, da derartige Kritik und Aufklärung nicht zum guten Ton der inzwischen weitgehend gleichgeschalteten Bildungssysteme und Medien gehört.

US-Prof. N. Chomsky spricht mit Blick auf die USA und Israel von zwei „Schurkenstaaten".

> *„Es gibt zwei Staaten, die im Nahen Osten Unheil anrichten, die ständig Aggressionen, Gewalt, terroristische und illegale Handlungen ausüben. Beide sind große Atomwaffen-Staaten mit riesigen Nuklearwaffenarsenalen: die USA und Israel. Die beiden größten Atommächte der Welt. Es gibt einen Grund dafür, warum in internationalen, von US-Wahlbehörden ausgeführten Umfragen die Vereinigten Staaten von einer überwältigenden Mehrheit als die größte Bedrohung für den Weltfrieden angesehen werden. Kein anderes Land kommt dem nahe. Es ist schon interessant, dass sich US-Medien weigern, das zu veröffentlichen. Aber es bleibt ein Fakt"*
> (http://de.euronews.com/2015/04/17/noam-chomsky-die-usa-sind-ein-schurkenstaat-europa-ist-extrem-rassistisch).

Auch **Boliviens Präsident Morales** nennt Israel einen „Terrorstaat“ (www.gegenfrage.com/bolivien-erklaert-israel-zum-terrorstaat/).

Erdogan während des Gaza-Krieges (2014)

„Jetzt hat der terroristische Staat Israel mit seinen Gräueltaten in Gaza Hitler übertroffen.“

Es mag manchem trotzdem noch schwerfallen, dies zu glauben. Darum hier einige Aussagen von weiteren prominenten Zeitzeugen:

US-Bürgerrechtler M. L. King

„Der größte Händler mit Gewalt auf der Welt ist meine eigene Regierung“
(M. L. King: youtube.com/watch?v=Oc1Ru2p80fu).

Philip Agee

„Es fällt mir schwer, einzugestehen, dass ich ein Diener des Kapitalismus geworden bin, den ich stets ablehnte. Ich wurde einer seiner Geheimpolizisten. Die CIA ist schließlich nichts anderes als die Geheimpolizei des amerikanischen Kapitalismus, die Tag und Nacht die politischen Dammbrüche zuschaufelt, damit die Aktionäre der in den armen Ländern operierenden US-Gesellschaften weiterhin Gewinne einstreichen können. Der Schlüssel zum Erfolg der CIA sind die zwei oder drei Prozent der Bevölkerung der armen Länder, die den Löwenanteil bekommen – und die bis heute fast überall mehr verdienen als 1960, während für die marginalisierten 50, 60 oder 70 % der Bevölkerung immer weniger abfällt“
(Philip Agee: „CIA Intern. Tagebuch 1965–1974“).

Philip Agee, 1935 in Tacoma Park, Florida geboren, sprach fließend Spanisch, graduierte 1956 an der renommierten Notre Dame University und wurde ein Jahr später von der CIA rekrutiert. Seine Einatzgebiete waren Ecuador, Uruguay und Mexiko, wo er die Instabilität und den Sturz von Regierungen herbeiführen sollte, die der US-Regierung nicht genehm waren. Sein kritisches Erweckungserlebnis hatte er 1956 in Montevideo, als er in der Polizeizentrale miterlebte, wie ein politisch Verdächtiger, den er den Behörden zur genaueren Beobachtung empfohlen hatte, gefoltert wurde. Als Agee gegen diese Praxis protestierte, stellten die Beamten einfach das Radio lauter, um die Schreie des Gefolterten durch das Gebrüll des übertragenen Fußballspiels zu übertönen.

Als er bei der CIA anfing, sei er von der Existenzberechtigung des Dienstes absolut überzeugt gewesen, schrieb er in „Inside the Company". Doch als er dann feststellte, dass südamerikanische Militärdiktaturen und ihre Todesschwadronen von der CIA und der US-Regierung aktiv unterstützt wurden und die CIA weltweit für den Tod von Tausenden verantwortlich war, sei er zum entschiedenen Kritiker geworden. „Diese unmenschliche Kollaboration wollte ich entlarven, indem ich die Namen der CIA-Agenten nannte"
(https://de.wikipedia.org/wiki/Philip_Agee).

CIA-Offizier John Stockwell

„Die CIA unternahm Operationen in jedem Winkel des Globus. Sie nahm sich auch das Recht, völlig jenseits der US-Gesetze zu operieren. Sie hatte die Berechtigung, zu töten, aber sie nahm sich auch das Recht, Drogen zu schmuggeln, ein Recht, alle Arten von Dinge anderen Menschen und Gesellschaften anzutun, unter Verletzung nationalen und internationalen Rechts und jeglicher Prinzipien der Zusammenarbeit der Nationen

für eine gesündere und friedliche Welt. Inzwischen kämpft sie darum, das US-Rechtssystem derart zu verändern, dass es ihr die Kontrolle über unsere Gesellschaft geben würde.
Die „Church-Kommission" von 1975 stellte in 40 Jahren ca. 13 000 geheime Operationen fest. Umfassend manipulierten und organisierten wir den Sturz konstitutioneller Demokratien in anderen Ländern. Wir organisierten geheime Armeen und dirigierten sie, um auf jedem Kontinent der Welt zu kämpfen. Wir ermutigten ethnische Minderheiten sich zu erheben und zu kämpfen. Völker wie die Mosquito-Indianer in Nicaragua, die Kurden im Nahen Osten, die Hmong in Südostasien. Und natürlich organisieren wir bis heute die Finanzierung von Todesschwadronen in Ländern rund um die Welt, wie etwa die Treasury-Police in El Salvador, die für die Tötung von über 50 000 Menschen verantwortlich ist, allein in der 80ern, und von über 70 000 davor. Eine Orchestrierung geheimer CIA-Teams und Propaganda führten uns direkt in den Korea-Krieg. Wir griffen China von den Quemoy- und Matsu-Inseln, von Thailand, Tibet aus an. Eine Menge Drogenhandel war auf diese Weise mit einbezogen, bis wir uns schließlich selbst überzeugten, die Chinesen in Korea zu bekämpfen, und wir hatten den Koreakrieg, in dem eine Million Menschen starben. Das Gleiche gilt für den Vietnamkrieg, weil es eine sehr kooperative Sache war, die Nation in den Vietnamkrieg zu manipulieren ....Wenn ich diesen ‚Dritten Weltkrieg' zusammenfasse, den die CIA führte, in vielerlei Arten verwoben mit dem Militär, so kommen die besten Köpfe, die das untersucht haben, auf mindestens sechs Millionen Menschen, die in dem 40-jährigen Krieg getötet wurden, den wir gegen die Dritte Welt geführt haben"
(J. Stockwell: youtube.com/watch?v=lfy49-iPH-k).

Ramsey Clark, US-Justizminister unter Präsident Johnson

„Wir nennen uns selbst die größte Demokratie der Welt – dabei sind wir absolut eine Plutokratie! Das ist die offensichtlichste Sache der Welt. Reichtum regiert dieses Land und Reichtum benutzt militärische Gewalt, um den Rest der Welt zu kontrollieren.

Als der Iran-Irak-Krieg begann, verloren mehr als eine Million sehr junger Männer ihr Leben. Henry Kissinger sagte am Beginn dieses achtjährigen Krieges: ‚Ich hoffe, sie werden sich gegenseitig umbringen.' Und das war exakt unsere Politik. Das ist die Lösung der Überbevölkerung. Was wir uns bewusstmachen müssen, ist, was unsere Regierenden die ganze Zeit getan haben. Der wichtigste Grund für die Probleme des Planeten ist unsere eigene Regierung. So lasst uns eine massive Koalition organisieren, um den Militarismus zu beenden und die ökonomische Ausbeutung durch unsere Regierung"

(R. Clark: youtube.com/watch?v=rNcEG_koNUE).

US-Generalmajor Smedley Butler

„Ich war ein Halsabschneider und Gangster im Dienst des Kapitalismus. 1914 war ich dabei, als wir dafür gesorgt haben, dass amerikanische Ölfirmen in Mexiko ungestört Geschäfte machen können, vor allem in Tampico. Ich war dabei, als wir Haiti und Kuba zu einem profitablen Ort für die National City Bank gemacht haben. Ich half dabei, ein halbes Dutzend mittelamerikanischer Republiken für den Profit auszunehmen … In China kümmerte ich mich ab 1927 darum, dass Standard Oil unbelästigt seinen Weg gehen konnte …"

(https://www.youtube.com/watch?v=EI3lckqaSk0).

Wikipedia:
Die Tiger Force gebärdete sich im Einsatzgebiet Quảng Ngãi und Quảng Tin zwischen Mai und November 1967 wie eine Todesschwadron. Dabei setzte sie im Vietnamkrieg Maßstäbe eigener Art: „Jedenfalls ist nicht bekannt, dass irgendeine andere Einheit derart lange und faktisch auf eigene Rechnung gemordet hätte." Zu ihren Verbrechen gehörten Diebstähle, Brandschatzungen, Vergewaltigungen, die Folterung Gefangener, massives Maschinengewehr-Feuer auf bewohnte Dörfer, das Zielschießen auf Zivilisten, die wahllose Erschießung von Bauern, die Ermordung von zufällig angetroffenen Menschen, Zu-Tode-Prügeln von Wehrlosen, Einzel- und Gruppenexekutionen, die absichtliche Tötung von Alten, Kranken, Behinderten und Frauen, das Erdolchen, Skalpieren, Bajonettieren und Strangulieren, die Enthauptung eines Babys, die Verstümmelungen von Leichen sowie das Schmücken mit Leichenteilen.

Der Spezialeinheit fielen Hunderte, wenn nicht gar Tausende Vietnamesen zum Opfer. Die Zahl der Toten lässt sich insbesondere deswegen kaum genauer bestimmen, weil Tiger-Force-Soldaten viele schutzsuchende Personen töteten, indem sie ohne Vorwarnung Handgranaten in Erdbunker warfen und eine anschließende Zählung der Leichen unterblieb.

Die Tiger Force trug zur Body-Count-Praxis bei. Colonel Gerald E. Morse erteilte ihr die Anweisung, für 327 Tote zu sorgen – der Regiment-Nummer entsprechend. Am 19. November 1967 meldete die Einheit Vollzug, die gewünschte Zahl der Getöteten war erreicht.

Von den Tatverdächtigen wurde niemand verurteilt.

Übrigens: Die US-Bevölkerung macht 4,4 Prozent der Weltbevölkerung aus, stellt jedoch 22 Prozent aller Gefangenen weltweit. In ihren Gefängnissen sind selbst Kinder inhaftiert.

Die USA haben seit 1990 im Namen des „Krieges gegen den Terror" vier Millionen Muslime umgebracht. Aus offiziellen Dokumenten und Schätzungen von Menschenrechtsorganisationen ergibt sich, dass die USA seit dem Zweiten Weltkrieg durch Angriffe auf andere Länder (Korea, Vietnam, Irak, Afghanistan, Angola, Kongo, Osttimor, Guatemala, Indonesien, Pakistan, Sudan) für den Tod von 20 bis 30 Millionen Menschen verantwortlich sind.

Terror

Terror ist Gewalt, Unterdrückung, Einschüchterung, Ausbeutung, ein Krieg gegen Selbstständigkeit und Selbstbestimmung, gerichtet gegen andere oder eigene Völker und Gruppen, offen oder verdeckt ausgeführt. Beispiele für offenen Terror finden sich in Diktaturen (Stalin, Hitler, Mao, ...). Beispiele für verdeckten Terror finden sich in allen übrigen Systemen, meist Oligarchien/ Plutokratien. Zu Demokratien hat es bis heute ja nicht gereicht. Ein wesentlicher Grund: Terror.

Die offizielle Definition von Terror:
„*nicht-legitimierte Gewalt, um die Bevölkerung in Schrecken zu versetzen und politische wie ideologische Ziele zu erreichen*". Also eine Definition, die weit mehr als offenen Terror zulässt.

Terror funktioniert dank der überwältigenden Macht weniger Oligarchen und Finanz-Terroristen – wie z. B. George Soros – über viele vergleichsweise Habenichtse unter der Kontrolle weniger blutsverwandter Geld-Dynastien.
Terror profitiert von Schock- und Spannungsstrategien.
Terror zeigt sich auf ganz unterschiedliche Arten:

im direkten militärischen Schlagabtausch,
durch Verschwörungen von Geheimgesellschaften (bekannte Beispiele: Freimaurerloge P2, Skull & Bones, NATO-Geheimarmeen),
in der verdeckten Kriegsführung unter falscher Flagge (Standardbeispiel: USA),
durch finanzielle Massenvernichtungswaffen (Hedge-Fonds),
Wirtschaftswaffen (Boykott, Kreditausfall, Verschuldungsfalle, Globalisierung),

Flüchtlingswaffen (gezielt finanzierte und gesteuerte Flüchtlingsströme), Bürgerkriegswaffen (inszenierte „Farbrevolutionen“, Destabilisierungsprogramme),
Wetterwaffen (HAARP, Chemtrails, Geo-Engineering/Climate-Engineering),
Nahrungsmittelwaffen (genverändert und toxisch belastet),
medizinische Waffen (inszenierte „Seuchen“, erfundene Krankheiten, eugenische Impfprogramme zur Bevölkerungsreduktion),
ideologische Waffen/Gehirnwäsche (Gesellschaftsspaltung, geschürte Ängste: Kommunismus-Wahn, IS-Wahn, Klima-Wahn, Virus-Wahn, Terror-Wahn, Gender-Wahn)
kulturelle Waffen (innere Zersetzung, Drogen, Umerziehung, Dekadenz),
Überwachungswaffen (totale Bevölkerungskontrolle).

Vor allem zeigt sich Terror in der verbreiteten und expandierenden Armut und Verarmung/Verschuldung der Völker mit den bekanntlich meisten Toten durch Verhungern.

Auch der omnipotente Umweltterror gegen jetzige und künftige Generationen durch Feinstaub, Müll/Atommüll, Dauerbestrahlung mit gepulsten Mikrowellen, Glyphosate, toxische Impfbeimischungen, Bisphenol A, Belastung aller Nahrungsmittel und Nahrungsmittelgrundlagen ... ist ein Terror, dem heute niemand mehr entgehen kann – von Geburt an. Jedes Neugeborene ist bereits mit vielen Giftstoffen belastet!

Beispiel für eine kulturelle Waffe:
http://korrektheiten.com/2011/02/08/die-us-strategie-umerziehung-europa/

Terror im Namen des Staates, eine sehr verbreitete Spielart, fußt heute auf der engen Verzahnung/Verschmelzung von Wirtschaft und Finanzen mit Politik, Geheimdiensten und Militär. Wie gesagt warnten bereits Eisenhower und Kennedy, neben einer Reihe weiterer Diplomaten, vor der Verschwörung des „militärisch-industriellen Komplexes". Heute sind die großen Komplexe miteinander verbandelt und dabei, innig miteinander zu verschmelzen im Zuge der Eine-Welt-Globalisierung. Weitere Einblicke in diese dunkle Seite der demokratisch angestrichenen „freien Welt" finden sich bei:

Andreas von Bülow: „Im Namen des Staates",
Daniele Ganser: „NATO-Geheimarmeen und inszenierter Terror",
Foschepoth: „Deutschland Überwachungsstaat".

Siehe auch Hermann Scheer, ehemals SPD-MdB: „Der Feind sitzt innen, heute mehr denn je ..."
(im Zusammenhang mit den NATO-Geheimarmeen, https://www.youtube.com/watch?v=V0t8ZCFx_bs).

Ein Terrorist

Die russische Justiz hat zwei Nichtregierungsorganisationen (NGOs) des US-Milliardärs George Soros für „„unerwünscht", erklärt. „Die Open Society Foundations und die OSI Assistance Foundation gefährdeten die verfassungsmäßige Ordnung Russlands und die Sicherheit des Staates", sagte Marina Gridnewa von der Generalstaatsanwaltschaft in Moskau Medien zufolge. (0).

Einige westliche Medien wie die Neue Züricher Zeitung halten die Maßnahmen für einen Angriff auf die Bürgergesellschaft (1). Tatsächlich? Oder handelt es sich eher um eine Selbstschutzmaßnahme Russlands? Um diese Frage zu klären, empfiehlt sich ein Rückblick! Zunächst: Wer ist George Soros? Laut Wikipedia ein Investment-Banker und Spekulant, dessen Unternehmen sich in Offshore-Steuerparadiesen weitgehend der Finanzaufsicht entziehen. Seine Spekulationen richteten sich u. a. gegen Währungen in Asien, etwa in Thailand, Malaysia, Indonesien, Japan, und in Europa gegen das Britische Pfund, den Französischen Franc, die Deutsche Mark und lösten Krisen und soziale Unruhen aus. Er profitierte davon. 2008 war er mit 1,1 Milliarden US-Dollar Einkommen der reichste Hedge-Fonds-Manager überhaupt. Auf die Frage in einem ZEIT-Interview (2), ob er sich als Spekulant um die politischen und sozialen Folgen seines Tuns schere, antwortete er: „Als Investor, der das Gesetz achtet und ansonsten den Regeln des Marktes folgt, kann ich mich nicht um die sozialen Folgen meines Handelns kümmern."

2010 setzte er sich mit Millionenbeträgen für die Legalisierung von Marihuana ein. Als Anteilseigner des Biotechnologie-Multis Monsanto, der seit Jahren an der Patentierung von gentechnisch verändertem Marihuana arbeitet, könnte er bald von der Legalisierungswelle profitieren (3). Seine offizielle Begründung für den Einsatz: die hohen staatlichen Steuereinnahmen.

2011 wurde er in letzter Instanz vom Europäischen Gerichtshof wegen Insiderhandels verurteilt. Auch seine politische Betätigung ist schillernd. Er setzte sich gegen die Wiederwahl von Bush ein, hielt den Krieg gegen Afghanistan für richtig, den gegen Irak für falsch.

Wegen seiner Spenden an bedürftige Gruppen, Oppositionsbewegungen und Nichtregierungsorganisationen in Osteuropa über ein mächtiges Stiftungsnetzwerk, und zwar bereits während des Kalten Krieges und auch danach, gilt er einerseits vielen als bedeutender Menschenfreund und Förderer demokratischer Entwicklungen, andererseits aber auch als Initiator von bürgerkriegsähnlichen Umstürzen und Destabilisierungen wie bei den sogenannten „Farbenrevolutionen", beim „Arabischen Frühling" oder beim blutigen Putsch auf dem Kiewer Maidan. Aktuell wird er auch als Förderer der Flüchtlingsströme nach Europa betrachtet (4) und nachweislich ist er über seine Open Society Foundation für die Herausgabe des Flüchtlingsratgebers „Migrants Handbook" verantwortlich.

Bereits im Jahr 2008 wurde an der US-amerikanischen Harvard University ein wissenschaftlicher Fachaufsatz zum Missbrauch von Flüchtlingsströmen als „Migrationswaffe" („Migration as a Weapon of War") veröffentlicht. An der John F. Kennedy School of Government der Harvard University wird seither ganz offen über die „Migrationswaffe" gesprochen (9).

2014 bedankte sich der ukrainische Präsident Poroschenko bei Soros „für die Unterstützung der Ukraine und ihrer demokratischen

Entwicklung". Beide sprachen darüber, wie man die Attraktivität des Landes für Investoren erhöhen könne …

Und nun noch mal zurück zur eingangs gestellten Frage: Geht es dem Hedge-Fonds-Star, Rothschild-Agenten und CFR-Funktionär Soros wirklich um Befreiung und Demokratie, um die Menschen?

Eine Antwort gibt J. Engdahl in „Eine kurze Geschichte der Korruption – Wenn Milliardäre Politik machen":

„Wer mit der Geschichte von Soros' Open Society Foundations in Osteuropa und weltweit seit Ende der 1980er Jahre vertraut ist, weiß, dass die angeblich philanthropischen ‚demokratiefördernden' Projekte der 1990er Jahre in Polen, Russland oder der Ukraine den Geschäftsmann Soros in die Lage versetzten, die ehemals kommunistischen Länder buchstäblich zu plündern. Zur Seite stand ihm damals Jeffrey Sachs, Harvard-Professor und Messias der ‚Schocktherapie', der die postsowjetischen Regierungen zur umgehenden statt schrittweisen Privatisierung und Öffnung für den ‚freien Markt' überredete (5).

Soros gab zu, 2013/2014 die Demonstrationen auf dem Maidan-Platz finanziert zu haben, die die derzeitige Regierung an die Macht brachten" (6).

Es muss Bankern vom Schlage eines Soros bei politischen Operationen natürlich nicht immer um Regierungswechsel gehen oder gar um die Installierung von sozialistischen Diktaturen wie unter Stalin und Hitler (Prof. A. Sutton: „Wall Street, Hitler und die russische Revolution", 7). Auch kulturelle Subversion kann einen Staat erheblich aus dem Gleichgewicht bringen. Beispiel Deutschland, als Banker wie Soros mit ihren Geldern die Sex-Drugs-and-Rock-'n'-Roll-Welle in Verbindung mit Frauenemanzipation und

Studentenunruhen entfachten und dem Land eine neue und am Ende amerikanisierte „Kultur“ verordneten (8). Eine Kulturrevolution nach amerikanischem Muster.

Zusammengefasst: Ein Überblick über die politisch-finanziellen Aktivitäten von Soros über Jahrzehnte hat gezeigt, dass es ihm nicht um das Gemeinwohl von Völkern geht, sondern um deren innere Zersetzung und Öffnung für die Infiltration parasitärer Investoren unter dem Deckmantel der Menschenfreundlichkeit. Russland hat eine gute Wahl im Sinne eines Selbstschutzes getroffen, eines Schutzes, der auch dem flüchtlingsgefluteten Europa, von Brzeziński als „tributpflichtiger Vasall“ abqualifiziert, gut zu Gesicht stehen würde. Die viel zitierten europäischen und vor allem kulturellen Werte scheinen am Ende nur noch vom russischen Präsidenten verteidigt zu werden.

Quellen:

(0): http://www.n-tv.de/politik/Moskau-verbietet-NGOs-von-Soros-article16468376.html

(1): http://www.nzz.ch/international/europa/russland-knebelt-buergergesellschaft-weiter-1.18577087

(2): http://www.zeit.de/1993/49/die-welt-ist-mir-nicht-egal/seite-4

(3): http://deutsche-wirtschafts-nachrichten.de/2014/05/13/monsanto-will-von-marihuana-freigabe-profitieren/

(4): https://www.youtube.com/watch?v=h-kv7yEUOtQ
und: https://www.youtube.com/watch?v=SWn24ZD2c-Q
und: http://www.epochtimes.de/politik/welt/migranten-handbuch-auf-insel-lesbos-verteilt-fluechtlingsstroeme-als-migrationswaffe-zur-destabilisierung-a1270534.html

(5): http://info.kopp-verlag.de/hintergruende/europa/f-william-engdahl/eine-kurze-geschichte-der-korruption-wenn-milliardaere-politik-machen.html

(6): Matthias Rude: Die gekaufte Revolution, in: Ronald Thoden, Sabine Schiffer: Ukraine im Visier. Russlands Nachbar als Zielscheibe geostrategischer Interessen. Frankfurt 2014, S. 108–120

(7): https://www.youtube.com/watch?v=9f1natbeMFI

(8): https://www.youtube.com/watch?v=eRw6llr7FIo

(9): http://www.statusquo-news.de/spezieller-reisefuehrer-george-soros-open-society-verteilt-handbuecher-an-migranten/

Eine Terrorvariante

Was bedeutet der Dauerbrenner „menschengemachte Klimaerwärmung“, zuletzt aufgewärmt beim 21. UN-Weltklimagipfel in Paris, gefolgt von chronischen Katastrophen-Szenarien und Untergangsphantasien bis in Schulen und Kindergärten hinein, wo sich Klimaprojekte, Klimamobile und Fibeln türmen? Vorweg gesagt: es ist ein teuflisch genialer Betrug, vergleichbar mit dem Geldsystem, um die Menschheit weiter auszubeuten, ihre ökonomischen Aktivitäten zu steuern und zu kontrollieren und sie weitgehend mit Wetterwaffen nach Gutdünken schleichend zu dezimieren. Eine Form von Terrorismus als Wissenschaft getarnt.

Um das zu verstehen, sollte man sich kurz mit der Entstehung und den Folgen auseinandersetzen.

Doch zuvor eine Bemerkung zu einigen geistigen Zumutungen:

1. CO_2 ist schädlich, selbst der von Menschen verursachte Anteil von 0,00046 % in der Luft.

Bewiesen wurde es nie, nirgends. Bewiesen ist das Gegenteil: CO_2 ist lebensnotwendig.

Ohne CO_2 kein Leben. Grundschulwissen. Wenn also CO_2 schädlich ist, dann ist der Mensch als atmende Verbrennungsmaschine – genau wie das Tier – ein Schädling, gewissermaßen eine Art Hautkrankheit der Erde, die es auszurotten gilt. Schließlich produzieren 7,5 Milliarden Menschen allein über die bloße Atmung 2,7 Gigatonnen CO_2 im Jahr (laut Prof. Ewert: „CO_2 – Herkunft, Anteil, Kreislauf, Nahrungsmittel, Klimakiller?“, publiziert von „EIKE“, Europäisches Zentrum für Klima und Energie e.V.).

2. Die (bewusst ein Klima der Angst erzeugenden) Meldungen des „Weltklimarates" sind wissenschaftlich fundiert.

Tatsächlich ist dieser Rat mit einem relativ kleinen Anteil von Naturwissenschaftlern eine politische Einrichtung mit dem Ziel, die „Folgen der vom Menschen verursachten Risiken zu untersuchen". Man setzt also etwas Unbewiesenes, geradezu Absurdes, als Tatsache voraus, stempelt den Menschen, also alle, als Sündenbock („Klimakiller") ab und spekuliert über die Folgen durch Auswertung geeigneter, also gleichlautender –widersprüchliche werden ignoriert –, wissenschaftlicher Publikationen. Das ist das Gegenteil von Wissenschaft. Denn Wissenschaft lebt vom Meinungsstreit, vom Duell der Stimmen und Gegenstimmen. Das hat sich im Zuge von global wirksamer Gleichschaltung, „Globalisierung" geändert, zugunsten geistiger, kultureller Monokultur, Einstimmigkeit und Alternativlosigkeit.

Wissenschaft sieht anders aus, z. B. so:

Der Geologe Prof. F.-K. Ewert aus Bad Driburg zeigte in öffentlichen Vorträgen durch Auswertung z. B. der im Internet öffentlich zugänglichen NASA-GISS-Daten (seine Messauswertungen beginnen 1880), dass eine deutliche Erwärmung schon vor dem Anstieg der industriellen CO_2-Produktion stattfand und ebenso eine Abkühlungsphase trotz steigender CO_2-Emissionen. Ein weiteres Ergebnis: kein Zusammenhang zwischen Temperaturschwankungen und CO_2-Verlauf – im Gegensatz zur Sonnenaktivität, die hier offensichtlich die entscheidende Rolle spielt.

Später fiel ihm überraschend auf, dass die NASA ihre Daten zwischen 2010 und 2012 rückwirkend verändert bzw. manipuliert hatte, im Sinne der chronisch alarmistischen Aussagen des Weltklimarates IPCC, einem Bürokratie-Monster, das Wissenschaftskompetenz und Verantwortung simuliert und in Wirklichkeit menschenverachtende Ziele verfolgt.

Nun zur Frage der Entstehung:

Einen Hinweis liefert Baron Edmund de Rothschild auf der vierten „World Wilderness Conference" 1987, der – einen früher mehrfach geäußerten Gedanken aufgreifend, z. B. von Charles David Keeling, der seit den 60ern systematisch CO_2-Messungen durchführte – in Gegenwart von D. Rockefeller und M. Strong, zwei Schwergewichten der internationalen Geschäftswelt, äußerte:

> *„… wird es vielleicht möglich sein, CO_2, eine der Hauptursachen des Klimawandels, zu verwenden, um Trockeneis herzustellen …"* (1),

und den Gedanken einem breiten Publikum anbot, im Sinne eines künftig unverzichtbaren, globalen Umweltschutzes. Umweltschutz/Klimaschutz wurde jetzt zur schlagkräftigen Bewegung, die massiv von der Bankenelite geschürt und finanziert wurde. Der WWF, die weltweit größte Natur- und Umweltschutzorganisation, wurde z. B. durch den „Club 1001" finanziert, eine edle Gesellschaft aus Adel und Hochfinanz. Mitglieder in den 80ern: z. B. das niederländische Königshaus, viele Größen aus Industrie, Handel und Finanzen wie Peter von Siemens, Berthold Beitz, Fiat-Boss Giovanni Agnelli, Henry Ford II., David Rockefeller und Edmond de Rothschild (2).

Ein zweiter Hinweis kommt einem Geständnis gleich, und zwar 1991 von Aurelio Peccei, Gründer der Denkfabrik „Club of Rome":

> *„Auf der Suche nach einem neuen Feind, der uns vereinigt, kamen wir auf die Idee, dass Themen wie Umweltverschmutzung,*

die Bedrohung durch globale Erwärmung, Wasserknappheit und Hungersnöte dazu gut geeignet sind" (3).

So weit zur Motivation „neues Feindbild". Und nun zu den Folgen:
Der abstruse Klimarettungsgedanke entwickelte sich schnell zu einer globalen und lukrativen Ersatzreligion angesichts der schwindenden Gläubigenzahlen und zum großen Geschäft mit entsprechenden Vermarktungspredigern. Hier drei Beispiele:

Anlässlich von „Earthday", einem Konzert-Event mit Gesang gegen die globale Erderwärmung, gab **David de Rothschild** als Autor ein Handbuch heraus: das „Global Warming Survival Handbook" (3).

Al Gore, einstiger US-Vizepräsident **und Nicht-Naturwissenschaftler** beschwor mit seinem propagandareifen Film „eine unbequeme Wahrheit" die Menschen –insbesondere in den (vom Klimawahn gebeutelten) Schulen – weltweit zur Umkehr, kassierte den Friedensnobelpreis und etliche Millionen mit dem florierenden CO_2-Zertifikate-Handel. Ein englisches Gericht widersprach übrigens etlichen Aussagen des Hobby-Wissenschaftlers.

Prof. Schellnhuber, Deutschlands „Klimapapst", fördert seit vielen Jahren mit seinem Institut in Potsdam (PIK = Potsdamer Institut für Klimafolgenforschung) das Klima der Angst mithilfe von Horror-Prognosen und fordert eine „große Transformation" der Gesellschaft. Der Lohn: reichlich Forschungsgelder, ein Orden der britischen Monarchin, ein Merkel-Beraterposten, Papstberater. Nach seiner *herrschenden Meinung* sollten die „Klimaleugner" bestraft werden. Wie Ketzer im Mittelalter.

Folge 1: Die Menschen werden dank eines neuen Feindbildes wieder mal „gespalten“, hier in Gläubige und Ungläubige, und zusätzlich verängstigt, herabgedrückt, unterdrückt, manipuliert und verdummt. Der neue Gott – einer für alle diesmal – heißt also Klimaschutz, der neue Feind und Teufel für alle: CO_2!

Wie beim Ablasshandel (oder auch der Schutzgelderpressung) darf der Bürger seine „CO_2-Sünden“ über neue Steuern an einen dankbaren Staat abbüßen, der seinerseits über die neuen Einnahmen seine Bankschulden wieder besser bedienen kann, darf seine Häuser zum Wohle der Dämmindustrie in Watte packen und ständig das Lied von der „Nachhaltigkeit“ auf den Lippen tragen. Nachhaltig leben heißt also CO_2 zu minimieren und damit das Leben selbst (Depopulation, Bevölkerungsreduktion, Genozid).

Bereits in den 70ern warnte der mächtige Club of Rome vor der Bevölkerungsexplosion und forderte Konsequenzen. Die Vorraussagen traten nicht ein, doch das Schreckensbild einer katastrophalen Menschenvermehrung blieb.

Grund genug für die Bill & Melinda Gates Foundation, erhebliche Summen in die Bevölkerungskontrolle, genauer die Bevölkerungsreduktion zu investieren (4), nachdem bereits 1974 die weltweite Geburtenkontrolle als nationales Interesse der USA definiert worden war, bekannt unter dem Namen: „geheime nationale Sicherheitsstudie NSSM 200 – Kissinger-Report“.

Im Rahmen der neuen Klimapolitik finanzierte auch Großbritannien Zwangssterilisierungsprogramme in Indien. Mit anderen Worten: Eugenik ist immer noch „in“ und mit dem Horror-Angst-Szenario, der Schockstrategie „Klimaerwärmung“, kann man die aktuellen Bevölkerungsreduktionsprogramme auch eines B. Gates elegant als Klimaschutz verkaufen.

Unter demselben Deckmantel lassen sich abseits der öffentlichen Wahrnehmung_Wetterwaffen und Wettermanipulationen entwickeln und testen, im Rahmen von Geoengineering/Climate-Engineering über HAARP und Chemtrails. Eine offizielle Bestätigung für den Chemtrail-Einsatz, also den weltweiten Sprüheinsatz von Flugzeugen, u. a. mit gesundheitsgefährdenden Substanzen nebst Partikeln, die die lebenswichtige Sonnenstrahlung reduzieren (Vitamin D), findet sich übrigens bei der ehemaligen Bundesministerin Monika Griefahn (5). Auch bei einer ZDF-Wetternachrichtensendung meldete der Sprecher ausdrücklich „militärische Wolken".

Die Substanzen können die Menschen krank oder sogar unfruchtbar machen und die Pflanzenwelt dauerhaft schädigen (solche Schäden sind auf Hawaii bereits festgestellt worden, 6).

Und sicherlich geht es wie immer auch um große Geschäfte mit neuen, „nachhaltigen" Märkten sowie um die Ausschaltung möglicher Konkurrenzmärkte in Entwicklungsländern.

Das versteht sich in einer geldgesteuerten Welt von selbst.

Zusammengefasst kann man die allgegenwärtige mediale Klimahysterie als Allzweckwaffe gegen die Völker im Sinne der Neuen Weltordnung begreifen, um sie über das gemeinsame Glaubensdiktat „Klimaschutz" zwangszuvereinigen und zu kontrollieren, sie unter dem Vorwand „Klimaschutz" mit globalen Klimawaffen unsichtbar in Schach zu halten und ggf. zu reduzieren, sie steuerlich und über neue Industrien und Umweltgesetze auszubeuten, sich entwickelnde Konkurrenzstaaten durch CO_2-Beschränkung in ihrer Entwicklung zu behindern und eine flächendeckende Deindustrialisierung wie z. B.in den USA voranzutreiben.

Quellen:

(0): https://www.youtube.com/watch?v=wHAZ_DBh89w
(1): wunderhaft.blogspot.com/2014/02/die-unced-konferenz-der-vereinten.html
(2): https://de.wikipedia.org/wiki/The_1001:_A_Nature_Trust
(3): https://www.youtube.com/watch?v=WgLWgefULqw
(4): https://www.youtube.com/watch?v=rBMO1kE5s6E
(5): www.chemtrails.ch/briefe/briefgriefahn.htm
(6): https://www.youtube.com/watch?v=7_trDw3wdcI

Siehe auch: Robert Zubrin: The Population Control Holocaust, in: The New Atlantis, Spring 2012)

Flüchtlingsströme

Schuldlos in große Not geratenen Menschen zu helfen, ist eine Selbstverständlichkeit und erste Menschenpflicht. Als ehemaliger DDR-Flüchtling kann ich die Flüchtlingssituation nachempfinden. Natürlich bestünde die beste Hilfe darin, den Fluchtgrund zu beseitigen. Darauf wird etwas genauer einzugehen sein …

Unverständlich erscheint mir die Flucht mit kleinen Kindern quer durch halb Europa über viele sichere Staaten hinweg, jenseits der eigenen Kultur und Muttersprache, der sichersten Neustartvoraussetzung. Ich will das hier mangels genauerer Einblicke nicht weiter kommentieren, sondern den Blick auf *Veränderungen in Deutschland* als Aufnahmeland lenken, Veränderungen, die sich nachträglich als Falle („Zwischen den Fronten") für die Geflüchteten erweisen könnten. Noch wichtiger erscheint mir ein weithin unbeachteter, wahrscheinlicher *Hinter-Grund für das Flüchtlingselend.* Beides soll in Kurzform hier betrachtet und als Nachforschungsanregung verstanden werden, ergänzt durch einen kritischen Beitrag in Form eines offenen Briefes eines Soziologen, gerichtet an die Kanzlerin.

Es hilft oft, Missstände abzustellen, wenn man sie in ihrer Entstehung auch gesamtzusammenhängend verstanden hat.

1. Punkt: die Veränderungen in Deutschland sind kaum zu übersehen:

- Streit vor allem innerhalb der Parteien und Körperschaften um Zuständigkeiten, Quoten, Unterbringungsformen, Rechtsauslegungen, Finanzen, Begriffe (Migrant versus Flüchtling z. B.)
- Rechtsverschiebung des Politspektrums (Erfolge von Pegida und AfD, Einschwenken der regierenden Politik-Darsteller)

- Gewalt innerhalb der Asylunterkünfte und von außen gegen die Unterkünfte
- Verwaltungslähmung durch Asylfokussierung
- Rechtsverletzung (EU-Recht und deutsches Recht) durch Frau Merkel
- Flüchtlingsindustrie (Beispiel: ORS Service AG)
- Schleuserkriminalität
- Angst vor „Überfremdung", Terror, Kriminalität, Arbeitslosigkeit, Parallelgesellschaften, Rassismus, Destabilisierung, tiefe Spaltung der Gesellschaft, Bürgerkrieg, Kinder-Menschenhandel (Hunderte von minderjährigen Neuankömmlingen sind verschwunden)

Deutschland ist sicher für viele Geflüchtete wirtschaftlich ein Traumland, auf den ersten Blick. Tatsächlich profitiert es vor allem von Niedriglohnverhältnissen und Fristverträgen (oft mehrere gleichzeitig). Politisch ist es hochamerikanisiert – ein tributpflichtiger Vasall wie gesagt.

2. Punkt: mutmaßliche Gründe für das Flüchtlingselend. In Kurzform und als Anregung zum Weiterforschen:

Auf den ersten Blick: der Krieg in Syrien. Genauer, aufklärender und abschließend sieht der renommierte US-Professor Noam Chomsky hin:

„USA und Israel sind Schurkenstaaten"
(https://www.youtube.com/watch?v=ILHkzPO9Dr0).

Auch Boliviens Präsident Morales nennt Israel einen „Terrorstaat" (www.gegenfrage.com/bolivien-erklaert-israel-zum-terrorstaat/).

Die US-Interessen an den Kriegsfolgen – u. a. an den Flüchtlingsströmen – folgen schon aus einigen interessanten Beobachtungen (Quellen: s. Sonderausgabe „Stimme und Gegenstimme – Hand-Express“, Ausgabe 44/15, verfügbar als PDF-Datei):

1. Die horrenden Schlepperkosten verweisen auf US-Organisationen.
2. Der US-Oligarch und Star-Spekulant Soros ließ auf seine Kosten Flüchtlingshandbücher verteilen (http://www.epochtimes.de/politik/welt/migranten-handbuch-auf-insel-lesbos-verteilt-fluechtlingsstroeme-als-migrationswaffe-zur-destabilisierung-a1270534.html).

Bereits im Jahr 2008 wurde an der US-amerikanischen Harvard University ein wissenschaftlicher Fachaufsatz zum Missbrauch von Flüchtlingsströmen als „Migrationswaffe“ („Migration as a Weapon of War“) veröffentlicht. An der John F. Kennedy School of Government der Harvard University wird seither ganz offen über die „Migrationswaffe“ gesprochen.

3. Die US-Denkfabrik „The Ayn Rand Institute“ sucht Fluchthelfer in Europa.
4. Der Militärstratege Thomas Barnett definiert in seinem Buch „Des Pentagons neue Landkarte“ den ungehinderten Flüchtlingsstrom nach Europa als eine Kernstrategie zur Globalisierung (Neue Weltordnung).
   Dabei soll durch eine „Vermischung der Rassen eine Bevölkerung geschaffen werden, deren IQ bei 90 liegt – genug zum Arbeiten, einfältig genug, um keinen Widerstand zu leisten.“

Nach Barnett werden also die Flüchtlingsströme als Waffe gegen diverse Staaten eingesetzt, hier also insbesondere Deutschland, ein Land, das traditionsgemäß als Wirtschaftsgigant der Konkurrenz ein Dorn im Auge war und bis heute sein dürfte. Der Rassegedanke wurde allerdings bereits vor Barnett von einem weiteren finanziell gut vernetzten Geostrategen (und Freimaurer) formuliert:

Graf Richard Nikolaus Coudenhove-Kalergi war der Gründer der Paneuropa-Union und wird als der Vordenker und Wegbereiter der Europäischen Union angesehen. Sein Programm sah eine nie dagewesene Einwanderung nach Europa vor, um Europa lenkbar zu machen. 1925 schrieb er in seinem Buch „Praktischer Idealismus“:

> *„Der Mensch der fernen Zukunft wird Mischling sein. Die heutigen Rassen und Kasten werden der zunehmenden Überwindung von Raum, Zeit und Vorurteil zum Opfer fallen. Die eurasisch-negroide Zukunftsrasse, äußerlich der altägyptischen ähnlich, wird die Vielfalt der Völker durch eine Vielfalt der Persönlichkeiten ersetzen.“ Im selben Buch freute sich Coudenhove-Kalergi über die Charaktereigenschaften der Mischlinge, da diese vielfach mit gewissen Eigenschaften behaftet seien, welche sie für die Zwecke des künftigen Europas besonders qualifizierten: „Charakterlosigkeit, Hemmungslosigkeit, Willensschwäche, Unbeständigkeit, Pietätlosigkeit und Treulosigkeit“.*

So weit zu den möglichen Gründen für die Flüchtlingsströme nach Europa und vor allem nach Deutschland. Dazu auch ein empfehlenswerter Beitrag: „Die geplante Vernichtung Europas“ (https://www.youtube.com/watch?v=p7flRWCzJfo).

Am Rande sei ein rechtlicher Aspekt erwähnt, betrachtet durch den Staatsrechtler Prof. Karl A. Schachtschneider, der die Illegalität sämtlicher „Flüchtlinge“ nachweist: „Flüchtlingskrise selbstgemacht“ (https://www.youtube.com/watch?v=vU1xJsxCNp0). Abgesehen vom Bruch deutschen und europäischen Rechts durch Merkels General-Einladung.

Seitdem werden etliche Rechte in Deutschland unter dem Vorwand „Bürokratieabbau“ kassiert, vom Studieren ohne Zeugnisse bis zum Bauen ohne Einhaltung diverser Vorschriften (s. Zeit Online: „Wir müssen den Staat umbauen“).

Also auch die Flüchtlinsströme entpuppen sich am Ende leicht als eine weitere Terrorvariante.

Demokratie-Illusion

Eigentlich ist es klar, auch ohne weitere Erklärungen: Unter den Bedingungen des allseits offensichtlichen Primats der – globalen, totalitär agierenden – Wirtschaft und der Finanzen sowie des totalen Überwachungsstaates kann es für unser Land und andere so beglückte Länder keine Demokratie geben.

Ministerpräsident Seehofer hat es im Übrigen in einem Anfall von Ehrlichkeit in der Sendung „Pelzig unterhält sich" gestanden, im Zusammenhang mit der Macht der Pharmakonzerne: „Diejenigen, die gewählt sind, haben nichts zu sagen, und die was zu sagen haben, sind nicht gewählt."

Demokratieabwesenheit hat Tradition. Historisch gesehen war der Demokratiegedanke seit Aristoteles bis heute den Eliten (die u. a. die Geschichtsbücher schreiben und uns üblicherweise das Denken abnehmen) verdächtig und als ein zu vermeidendes System voller Risiken zu behandeln. So haben die Machteliten aller Zeiten erfolgreich bis heute Demokratien zu verhindern gewusst, ohne dass den Völkern der Betrug wirklich bewusst wurde.

Bereits der Gründungsvater der amerikanischen Verfassung und vierte US-Präsident **James Madison** sagte:

> *„Jede Regierungsform muss so gestaltet sein, dass sie die Minorität der Reichen gegen die Majorität der Armen schützt."*

Und wählte als unverdächtigen Lösungsvorschlag die „repräsentative Demokratie".

Reinhold Niebuhr (1892–1971)

„Die Idee der Demokratie gehöre zu den ‚necessary illusions', welche von herrschenden Eliten in der Bevölkerung erzeugt werden müssten, um eine Stabilität des gegenwärtigen Zustandes zu gewährleisten."

Der Psychologe Dr. Rainer Mausfeld stellte in einem Vortrag an der Uni Kiel die These auf, dass die Demokratie zu den ‚necessary illusions' (Reinhold Niebuhr, 1892–1971) gehöre, welche von herrschenden Eliten in der Bevölkerung erzeugt werden müssten, um eine Stabilität des gegenwärtigen Zustandes zu gewährleisten.

Selbst wenn die besten inneren Vorraussetzungen für eine Demokratieentstehung irgendwo vorlägen, wäre heute das Umfeld für ihr Gedeihen denkbar schlecht: internationale Machtinstanzen und Prozesse, die jegliche souveräne Eigenentwicklung unterdrücken oder im Keim ersticken können, wie Weltbank, IWF, NATO, UN, EU, WHO, Globalisierung (sprich: US-Vorherrschaft), Neoliberalismus … von den „Multis" mal ganz abgesehen.

Inzwischen ist es auch so manchem Intellektuellen öffentlich aufgefallen, dass sich der Obrigkeitsstaat stetig ausbaut:

Frau Prof. Höhler („Die Patin"): *„Frau Merkel arbeitet am Abbau der Demokratie, setzt sich über maßgebliche Rechte hinweg."*

Der Jurist Prof. Schachtschneider ergänzte dies bezüglich EU-Verträgen und Flüchtlingspolitik:

Prof. Karl A. Schachtschneider
„Es ist Zeit zum Widerstand"
(https://www.youtube.com/watch?v=HAaxasWd6ao).

Man hätte viel früher aufwachen und reagieren müssen. Sehr früh hat der Jurist und Parteienkritiker Prof. von Arnim in seinem Buch „Das System" festgestellt, *„dass wir im Grunde keine Demokratie haben und die Parteien viele Parallelen zur organisierten Kriminalität aufweisen"*.

In einer Demokratie wären die inzwischen zahlreichen Formen von Regierungskriminalität, angefangen bei Geheimverträgen und geheimen Zusatzvereinbarungen in der Gründungsphase bis hin zur offiziellen Schleuserkriminalität einer Kanzlerin, nicht einmal denkbar gewesen.

Selbst wer keine schlauen Bücher, Vorlesungen oder Menschen kennt, wird die Diagnose schon einer einzigen Frage entnehmen: Wird man überhaupt beteiligt, befragt bei wichtigen Dingen?

Ungefragt

Nach Konsumverhalten, Wahlverhalten, Zufriedenheit, Politikerbeliebtheit werden wir gefragt – oder ausgehorcht, schließlich leben wir in einem Überwachungsstaat.

Ausnahme: die wirklich wichtigen Dinge:

EU, Euro, Weltbank, Bankensystem, IWF, NATO, NATO-Geheimarmeen, WHO, WTO, Geheimverträge, Atomwaffen, diskrete Gesellschaften, Denkfabriken, Stiftungen, Steueroasen, inszenierter Terror, verdeckte Operationen, TTIP, Bargeldabschaffung, Regierungspersonal, Verfassung, Energiepolitik, Endlager, Neue Weltordnung, Amerikanisierung, von Deutschland aus (Rammstein, Stuttgart) gesteuerte Drohnenmassenmorde und Kriege, Globalisierung, Totalökonomisierung, Totalüberwachung, Neoliberalismus, Bildungspolitik, Bologna, PISA, Inklusion, Gender-Mainstreaming, Gender-Sprache, Söldnerarmeen, Geoengineering, Wettermanipulation, HAARP, Chemtrails, Impfpolitik, Flüchtlingspolitik, Umwelt- und Innenwelt-Kontaminierung (Plastik, Glyphosat, Bisphenol A), getaktete Mikrowellen-Antennen-Wälder, Genfood-Programme …

Womit für alle bewiesen sein dürfte, in welchem System wir leben.

Umerzogen

Sprache Kleidung Lebensstil Essgewohnheiten Bildung Kultur

Unterhaltung Wirtschaft Wissenschaft Medien Militär Polizei

Geheimdienste Volk

Mustervasall

Ein demokratischer Rechtsstaat setzt natürlich ein freies, selbstbestimmtes und unabhängiges Land, wir sagen ein souveränes Land, voraus. Ist Deutschland in diesem Sinne souverän? Eine immer wieder auftauchende, stets aktuelle Frage, vor allem in Internet-Medien.

Kurz gesagt: Es spricht einiges und sprechen einige dagegen, der bekannteste: Finanzminister Schäuble. Seine Aussage auf einem Bankenkongress 2011: „Deutschland ist seit 1945 zu keinem Zeitpunkt voll souverän gewesen“

(Quelle: https://www.youtube.com/watch?v=ZVGfNjhqhKQ).

Weitere Beispiele für die Bestätigung von Schäuble sind Aussagen von G. Gysi, MdB (Quellen: https://www.youtube.com/watch?v=7i7LyzAcDeU und https://www.youtube.com/watch?v=6zwV4DTHbxY).

Prof. Schachtschneider oder E. Bahr (SPD) sind glaubwürdige und unwidersprochene Sachverständige.
Schließlich sprechen einschlägige Verträge und Vereinbarungen eine nicht zu leugnende Sprache:

1) Die auch nach dem Zwei-plus-Vier-Vertrag bzw. der Wiedervereinigung fortbestehende „**UN-Feindstaatenklausel**“. Sie wurde nicht gestrichen

(Quellen: http://fatalistblog.arbeitskreis-n.su/2015/07/11/prof-dr-schachtschneider-zu-den-un-feindstaatenklauseln/ oder auch https://www.youtube.com/watch?v=gGA1w2dRMeI; „Die Feindstaatenklausel steht und ist in keiner Weise obsolet!“, so wörtlich Prof. Schachtschneider).

Wikipedia:
Die Feindstaatenklausel ist ein Passus in den Artikeln 53 und 107 sowie ein Halbsatz in Artikel 77 der Charta (oder Satzung) der Vereinten Nationen (SVN), wonach gegen Feindstaaten des Zweiten Weltkrieges von den Unterzeichnerstaaten Zwangsmaßnahmen ohne besondere Ermächtigung durch den UN-Sicherheitsrat verhängt werden könnten, falls die Feindstaaten erneut eine aggressive Politik verfolgen sollten. Dies schließt auch militärische Interventionen mit ein. Als Feindstaaten werden in Artikel 53 jene Staaten definiert, die während des Zweiten Weltkrieges Feind eines Signatarstaates der UN-Charta waren (also primär Deutschland und Japan – genau genommen das Deutsche Reich und das japanische Kaiserreich).

2) Der Geheime Staatsvertrag vom 21. Mai 1949, in dem „die grundlegenden Vorbehalte der Sieger für die Souveränität der Bundesrepublik bis zum Jahre 2099 festgeschrieben warwurden. Danach wurde einmal der Medienvorbehalt der alliierten Mächte über deutsche Zeitungs- undu. Rundfunkmedien bis zum Jahr 2099 fixiert. Zum anderen wurde geregelt, dass jeder Bundeskanzler Deutschlands auf Anordnung der Alliierten vor Ablegung des Amtseides die sogenannte Kanzlera-Akte zu unterzeichnen hatte."
(zitiert aus: „Die Deutsche Karte", S. 21/22–22, von Gerd-Helmut Komossa, ehemaliger Amtschef des M„militärischen Abschirmdienstes".).

Metapedia:
Die Kanzlerakte ist das geheime Zusatzabkommen vom 8. Mai 1949 zum späteren Grundgesetz vom 29. Mai 1949. Diese Kanzlerakte soll eine Passage enthalten, nach der die Medienhoheit

sowie die Kontrolle über Kultur, Wissenschaft und Erziehung bis 2099 bei den Kriegssiegermächten verbleibt. Darüber hinaus soll sie ein Einverständnis enthalten, dass die nach Kriegsende geraubten deutschen Goldbestände weiterhin in den VSA verbleiben.

Zum gleichen Ergebnis kommt Urs Bernetti („Das deutsche Grundgesetz – eine Wertung aus Schweizer Sicht"). Er benennt die Vorbehaltsrechte gegenüber Telefon- und Postverkehr und im Bildungswesen!

Die Existenz der „Kanzlerakte" wurde auch vom ehemaligen SPD-Staatssekretär Egon Bahr bestätigt:
Von einem „Unterwerfungsbrief" sprach Willy Brandt und lehnte eine Unterzeichnung zunächst empört ab: „Schließlich sei er zum Bundeskanzler gewählt und seinem Amtseid verpflichtet. Die Botschafter (der Alliierten) könnten ihn wohl kaum absetzen! Da musste er sich belehren lassen, dass schon Adenauer diese Briefe unterschrieben hatte und danach Erhard und danach Kiesinger." So schilderte es Egon Bahr 2009 in der „Zeit" *(www.zeit.de › DIE ZEIT Archiv › Jahrgang 2009 › Ausgabe: 21 v.14.5.2009):*

> *„Herbst 1969: Bundeskanzler Willy Brandt wird ein Schreiben vorgelegt. Erst weigert er sich, es zu unterzeichnen – dann tut er es doch."*

Die Vorbehaltsrechte der Siegermächte zur Überwachung des Post- und Telefonverkehrs, die auch nach dem Zwei-plus-Vier-Vertrag 1990 nicht aufgehoben wurden.

Quelle: Josef Foschepoth: „Überwachtes Deutschland", Post- und Telefonüberwachung in der alten Bundesrepublik. Professor

Foschepoth ist Historiker an der Uni Freiburg, der lange vor E. Snowden öffentlich die totale Überwachung in seinem Buch und in Vorträgen anprangerte.

Auszug:

„Es wurde deutlich, dass die Bundesregierung mit der Durchführung derartiger Überwachungsmaßnahmen, zumindest bis 1968, fortgesetzt gegen Verfassung und geltende Gesetze verstieß. … Auch nach 1968 war die Bundesregierung weiterhin verpflichtet, die Überwachungswünsche der alliierten Nachrichtendienste so weit wie möglich zu erfüllen."

Die zahlreichen, mithilfe von Schäuble freigegebenen VS-Dokumente belegen das unglaubliche Ausmaß der Überwachung und enttarnen den politisch-medialen Aufschrei nach Snowdens Veröffentlichungen als reine Heuchelei. Denn alles war vom Anfang der Bundesrepublik an vertraglich mit den Alliierten geregelt, unabhängig und im Widerspruch zu Amtseid und Grundgesetz.

Siehe auch: „Deutschland ist nicht souverän", ein Beitrag der ARD (https://www.youtube.com/watch?v=h5tQIDVC-eQ).

Bezeichnend auch das folgende Interview (Ausschnitt):

*„**ZEIT ONLINE:** Die Bundesregierung schützt nicht die Grundrechte der Bürger, sondern die Interessen der USA?*
***Foschepoth:** So ist es! Die Zusammenarbeit der Geheimdienste ist zur Staatsräson in Deutschland geworden. Wir werden beherrscht von einem großen nachrichtendienstlichen Komplex, der sich immer weiter ausbreitet, egal wer gerade regiert, und der kaum noch zu kontrollieren ist. Das ist ein zentrales Thema für den Rechtsstaat und die Zivilgesellschaft"*
(aus einem Interview von Zeit Online am 25.10.2013).

Aus einem Interview der Süddeutschen Zeitung mit Prof. Foschepoth vom 9. Juli 2013:

> ***„Welche Grenzen hat ein westalliierter Geheimdienst wie die NSA in Deutschland?***
>
> *Im Prinzip keine. Die NSA darf in Deutschland alles machen. Nicht nur aufgrund der Rechtslage, sondern vor allem aufgrund der intensiven Zusammenarbeit der Dienste, die schließlich immer gewollt war und in welchen Ausmaßen auch immer politisch hingenommen wurde."*

Die drei Punkte allein sollten schon ausreichen, um die Souveränitätsfrage sicher zu beantworten. In diesem Zusammenhang passt die Einschätzung von Professor Zbigniew Brzeziński (ehemaliger US-Sicherheitsberater und Geostratege), der von „amerikanischen Vasallen und tributpflichtigen Staaten auf dem ganzen eurasischen Kontinent" spricht (aus: „Die einzige Weltmacht", Kopp-Verlag, S. 38).

Der laut Foschepoth am stärksten US-überwachte Staat der EU, nämlich Deutschland, gehört damit selbstverständlich dazu. Erhellend und vertiefend dazu noch ein weiterer „Insider":

US-General Odom in der TV-Sendung „One on One" (am 25.04.1999)

> *„Die NATO wurde nicht, wie die meisten Menschen glauben, als Verteidigungsbündnis gegen die militärische Bedrohung durch die Sowjetunion geschaffen. Nein, die NATO wurde als Instrument gegen Deutschland ins Leben gerufen … Und die Erweiterung der UNO dient demselben Zweck – Deutschland unter Kontrolle zu behalten."*

Bereits Anfang der 1950er Jahre, zu Beginn des Kalten Krieges, erklärte **Baron Ismay**, erster Generalsekretär der NATO, ihr Zweck sei es, „die Russen draußen, die Amerikaner drinnen und die Deutschen unten zu halten".

Ebenso wenig wie ein Springer-Redakteur souverän wäre, der im Arbeitsvertrag unterschreiben müsste, dass er sich für die transatlantische Partnerschaft und für Israel einsetze, ebenso unrealistisch ist dies also auch bei Deutschland, das via vertraglicher Regelung US-besetzt, totalüberwacht und kulturell gleichgeschaltet ist. Natürlich wird man diese Offensichtlichkeit von Regierungsseite nicht bestätigt bekommen (Ausnahme: Schäuble), insbesondere nicht von Merkel, die allen Ernstes behauptet, seit der deutschen Vereinigung sei Deutschland souverän.

Beweise oder Hinweise hat sie nicht vorgelegt. Ihr Verhalten ist allerdings naheliegend, da die Fakten zur Kanzlerakte und zur Totalüberwachung den Verdacht auf Hoch- bzw. Landesverrat aufkommen lassen könnten.

Neue Weltordnung

Das Ende der …

Beziehungen, Kindheit, Geschlechter, Familie,
Identität, Nation, Rechte, Freiheit,

Wissenschaft, Kultur, Bildung, Sprache,
Natur, Umwelt, Nahrung, Gesundheit,

Unabhängigkeit, Selbstständigkeit,
sozialen Marktwirtschaft, sozialen Sicherheit,

Konkurrenz, Vielfalt, Sorgsamkeit,

Menschenwürde, Selbstachtung, Verantwortung

wie wir sie kannten.

Kontaminiert

Grundwasser, Böden, Meere, Trinkwasser, Luft,

Kleidung, Kosmetik, Nahrungsmittel, Medikamente,

Tiere , Menschen … von Geburt an

fortschreitend, ungebremst.

Gehirnwäsche

Europa Globalisierung Neue Weltordnung

Ökonomisierung Neoliberalismus Wachstum

Klima-Wahn Impf-Wahn Nachhaltigkeit

AIDS Krieg gegen den Terror Feindbilder

Gender-Mainstreaming Political Correctness

Bildungsreform-Wahn Inklusion Digitalisierung

Kompetenz-Denken PISA Überbevölkerung

Vereint

Kohl oder Schröder, Truman oder Stalin, Goethe oder Einstein …

Die Liste höchster Freimaurer füllt ein Buch und lässt die künstlich erschaffenen weltanschaulichen „Gegensätze“ und Feindbilder der Weltgeschichte verschwinden, die gebraucht werden, um die Völker der Welt von den wirklichen Gegensätzen abzulenken: denen zwischen bettelarm und überreich bzw. zwischen machtlos und übermächtig in der chronisch oligarchisch strukturierten Weltgeschichte.

Anhang

em.
Univ.-Prof. Dr. Dieter Voigt
z. Z. Schillerstraße 12
D 35444 Biebertal
Tel.: 06409 - 98 61

, den 16. Dezember 2015

Offener Brief

Frau Bundeskanzlerin Dr. Angela Merkel
Bundeskanzleramt

B e r l i n

Sehr geehrte Frau Bundeskanzlerin Dr. Angela Merkel!

"Alternativlos [...] Wir werden das schon schaffen."

Für wen sprechen Sie? Wer soll was schaffen?
Sie müssen von Sinnen sein.
Mit Nächstenliebe hat all das nichts zu tun. Die, denen frau wirklich helfen müßte, fehlt die Kraft und das Geld um ihrem Elend zu entfliehen. Ihre Einladung wird sie nicht einmal erreichen. Auch die lebensbedrohten Christen stehen nicht auf Ihrer Einladungsliste.

Liebe Deinen Nächsten. Und wie ist das mit den hiesigen Obdachlosen (wollen Sie denen auch Häuser bauen lassen?), den Geringverdienern, den zunehmenden Kriminalitätsopfern durch Ausländerkriminalität, den bedürftigen Rentnerinnen, den Arbeitslosen und Kranken; wie ist das mit der zwangsläufig ansteigenden Judenfeindlichkeit und last, not least mit denen, die das erarbeiten sollen, was Sie so "großmütig" verteilen? Haben Sie je daran gedacht? Keinen haben Sie gefragt und je auf die Folgen Ihrer Politik hingewiesen.

Die Mehrzahl der von Ihnen Eingeladenen sind Wirtschaftsflüchtlinge aus uns fremden Kulturkreisen. Nur wenige besitzen einen Schulabschluß, einen Beruf oder rudimentäre Bildung. In vielen Gruppen überwiegen Analphabeten. Unintegrierbar; sie können unsere Werte nicht verstehen geschweige denn je danach leben. Sie erwarten, daß wir uns ihnen anpassen - ihre Werte und Normen übernehmen. Wahrlich: "Deutschland schafft sich ab."

Aber selbst, wenn die einströmenden Millionen qualifiziert und integrierbar wären - sie gehören dorthin, wo sie hergekommen sind. Wer, wenn nicht sie, soll in den Herkunftsländern humane und funktionierende Strukturen aufbauen?

Was sich hier abspielt, ist absurdes Theater - unvorstellbar und doch bitterer Ernst, der nicht nur die Bundesrepublik Deutschland gefährdet. Deutsche Soldaten kämpfen in Afghanistan und Afrika - und die kampffähigen Männer von dort genießen in Sicherheit die deutsche Willkommenskultur. Das kann doch nicht wahr sein.

2

Seite zwei des Briefes vom 16.Dezember 2015 an Frau Dr. Merkel

---

Salus populi suprema lex.

(Das Wohl des [deutschen] Volkes ist oberstes Gesetz.
Das sagte der große Cicero, der angesehendste Redner
im Alten Rom. Das gilt nun schon seit mehr als 2.000 Jahren)

Wem Sie dienen Frau Bundeskanzlerin, wird noch zu klären sein;
deutschen und europäischen Interessen ganz sicher nicht.
Welche Motive - außer Ihrem Ego - leiten Sie Frau Dr. Merkel?
Der Schaden, den Sie anrichten, ist unermeßlich! Treten Sie
zurück. An den Folgen werden Sie gemessen werden; als daran
schuldig werden Sie und Ihre Gefolgschaft in die Geschichte
eingehen!

Früher hielten sich Kaiser und Könige Hofnarren - die wagten
manchmal die Wahrheit. Indes, selbst die haben Sie aus Ihrem
Umfeld vertrieben.

Mit freundlichen Grüßen

(Dieter Voigt)